HAGENER HEIMATSAGEN

Herausgegeben und bearbeitet von
Dieter Bauer, Gerhard Bethlehem,
Ewald Eckhardt, Hildegard Hestermann,
Roland Siegel

Künstlerische Gestaltung von
Erwin Hegemann

v. d. Linnepe Verlag · Hagen

© 1986 · v.d. Linnepe Verlagsgesellschaft mbH & Co. · Hagen
Künstlerische Gestaltung (Zeichnungen, Layout, Umschlag):
Erwin Hegemann · Hagen
Satz: Fotosatz F. Mendel · Aachen
Druck: Kannengießer-Druck · Hagen
Printed in Germany
ISBN 3-921297-67-2

Die Autoren danken für die Unterstützung bei der Veröffentlichung dieses Buches der Stadt Hagen und der Sparkasse Hagen.

Für die künstlerische Gestaltung danken sie dem Maler und Graphiker Erwin Hegemann.

Die Auswahl der Sagen erfolgte nach ihrem inhaltlichen Wert in dem Bestreben, sie auch für Kinder verständlich zu fassen.

Die HAGENER HEIMATSAGEN stellen eine Ergänzung der Veröffentlichungen des Arbeitskreises Hagener Lehrer und Hochschullehrer dar:

HAGENER HEIMATBUCH
Arbeitsheft zum HAGENER HEIMATBUCH
Informationen zum HAGENER HEIMATBUCH
Sie erschienen im Pädagogischen Verlag Schwann-Bagel in Düsseldorf.

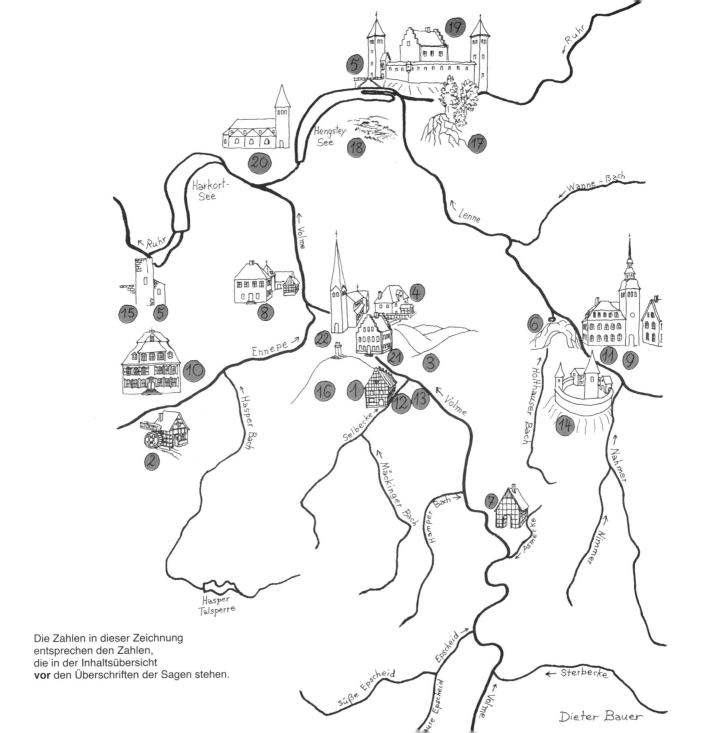

Die Zahlen in dieser Zeichnung
entsprechen den Zahlen,
die in der Inhaltsübersicht
vor den Überschriften der Sagen stehen.

Inhaltsübersicht

Die Zwerge vom Goldberg

In alter Zeit lebten in einer Höhle im Goldberg Zwerge. Heimlich halfen sie den Menschen bei ihrer Arbeit.

Am Fuße des Goldbergs lag eine Schmiede. Oft kamen des Nachts die Zwerge aus ihrer Höhle. Sie gingen in die Schmiede. Dort fachten sie die Glut wieder an und schmiedeten Schwerter, Messer und Sensen. Sie verschwanden wieder, ehe die Schmiede zur Arbeit kamen.

Die Schmiede freuten sich über ihre unsichtbaren Helfer, denn die Zwerge schmiedeten viel bessere Klingen. Der Schmiedemeister verkaufte sie mit hohem Gewinn.

Die Leute glaubten, daß die Zwerge einen goldenen Schatz in ihrer Höhle hüteten. Zu gern hätten sie diesen Schatz gehabt. Sie beschlossen, den Schatz zu rauben.

Eines Nachts beobachteten die Schmiede, wie die Zwerge die Werkstatt verließen. Sie hielten den letzten der Zwerge fest. Der Zwerg bat, sie möchten ihn doch frei lassen. Dafür wollte er sie in die Höhle führen und reich beschenken. Dort durften sie aber weder sprechen noch streiten.

Der Zwerg führte sie in die Höhle. Als die Schmiede die goldenen Schätze entdeckten, stürzten sie sich darüber. Jeder wollte am meisten haben. Sie stritten darum und schrien sich an.

Da stieß der Zwerg an die Decke der Höhle. Sie stürzte herab und tötete alle Schmiede.

Kein Zwerg wurde seitdem mehr gesehen. Die freundlichen Helfer waren und blieben verschwunden.

Das Erdmännchen im Schleifkotten

Früher gab es an der Ennepe zwischen Gevelsberg und Hagen viele Hammerwerke. In ihnen stellten fleißige Schmiede Sensen und Sicheln her. Neben den Hammerwerken standen Schleifkotten. Wasserräder drehten die Schleifsteine. An ihnen schliffen die Schleifermeister die Sensen und Sicheln scharf.

Eines Morgens ging der Schleifermeister nach seinem Schleifkotten zur Arbeit. Er stellte das Wasserrad an. Der Schleifstein lief. Aus einem Winkel des Kottens wollte der Meister dann die Sensen und Sicheln zum Schleifen holen. Überrascht blieb er stehen. Der Platz war leer. Der Meister wußte genau, daß er sie hier zurechtgelegt hatte. Vergebens suchte er in allen Winkeln. Er fand sie nicht.

Zuletzt trat er an den laufenden Schleifstein, um ihn wieder abzustellen. Da riß er seine Augen weit auf. Die Sensen und Sicheln lagen fertig geschliffen neben dem Schleifstein.

Der Schleifermeister überlegte lange Zeit, wer wohl die Sensen und Sicheln geschliffen haben könnte. Soviel er auch darüber nachdachte, er fand keine Erklärung.

Am Abend kamen die Hammerschmiede und brachten ihm neue Sensen und Sicheln, die er am nächsten Tage schleifen sollte. Er legte sie wie immer zurecht und ging heim.

In der Nacht schlief der Schleifermeister schlecht. Er überlegte noch immer, wer da wohl für ihn gearbeitet hatte.

Früher als sonst eilte er am nächsten Morgen nach seinem Schleifkotten. Ganz leise schlich er hinein. Es war niemand zu sehen. Aber neben dem Schleifstein lagen wieder die fertig geschliffenen Sensen und Sicheln.

So ging es mehrere Tage. Am Abend legte der Meister die Sensen und Sicheln zum Schleifen zurecht. Am nächsten Morgen fand er sie stets fertig geschliffen vor.

Eines Abends beschloß der Meister, die nächste Nacht im Schleifkotten zu wachen.

Er legte sich in einem Winkel auf die Lauer und ließ die Lampe brennen.

Lange wartete der Meister in seinem Versteck.

Mitternacht war schon vorüber. Da hörte er leise die Türe gehen: Herein huschte ein kleines Erdmännchen mit langem Bart und roter Zipfelmütze. Eilig trippelte es in den Winkel, wo die Sensen und Sicheln lagen. Es schleppte sie Stück für Stück zum Schleifstein. Dann setzte es das Wasserrad in Gang und stellte den Schleifstein an.

Nun stand das Männchen an dem surrenden Schleifstein. Geschickt schliff es die Sensen und Sicheln scharf.

Lange Zeit sah der Schleifermeister von seinem Versteck aus dem fleißigen Erdmännchen zu. Inzwischen aber schliefen ihm in seiner unbequemen Stellung die Beine ein. Er konnte nicht länger stillhalten. Vorsichtig streckte er seine Beine aus. Dabei stieß er gegen eine Eisenstange, die an der Wand lehnte. Polternd stürzte sie zu Boden. Wie der Blitz sprang das Erdmännchen nach der Tür und verschwand.

Von nun an mußte der Schleifermeister seine Sensen und Sicheln wieder selber schleifen. Das Erdmännchen aber erschien nie mehr.

Die Zwerge im Wasserlosen Tal

Die Stadthalle Hagen liegt am Rande eines großen stillgelegten alten Kalksteinbruchs. Von der Stadthalle aus führt die Straße „Wasserloses Tal" zum Stadtteil Emst hinauf.

Unterhalb der Stadthalle und auf beiden Seiten des Wasserlosen Tales sind noch weitere ehemalige Kalksteinbrüche.

In den mächtigen Kalkfelsen gibt es viele Höhlen. In uralten Zeiten lebten darin Zwerge. Sie suchten in den Felsspalten und Höhlengängen Edelsteine und Bergkristalle.

Eines Tages hörten sie über sich ein gewaltiges Poltern und Dröhnen. Die Höhlendecken zitterten und bebten. Die Felswände schwankten.

Zu Tode erscheckt eilten die Zwerge durch die Höhlengänge ins Freie. Ängstlich blickten sie in das Tal. Da sahen sie einen gewaltigen Riesen. Er kniete auf dem Boden und trank in mächtigen Zügen das klare Wasser des Baches. Dann brüllte er vergnügt: „Hier bleibe ich!"

Jetzt erschraken die Zwerge noch mehr. Sie glaubten, daß noch mehr Riesen kommen würden.

Der Riese hatte sich inzwischen am Ufer des Baches ausgestreckt. Ganz vorsichtig kamen die Zwerge näher.

Sie sagten dem Riesen, daß dies Tal ihr Reich sei. Sie baten ihn, daß er weiter wandere. Als sie das gesagt hatten, sprang der Riese auf. Er nahm ein paar Felsbrocken und schleuderte sie gegen die Zwerge.

Entsetzt flohen die Zwerge in ihre Höhlen. Sie überlegten, ob sie fortziehen sollten. Schließlich gab der älteste Zwerg einen Rat. Die anderen überlegten und stimmten ihm zu. Sie holten ihre Hämmer und Meißel.

Drei Tage lang höhlten die Zwerge die Felsen unter dem Bach aus. Dann hatten sie es geschafft. Durch die neue Höhle im Felsen floß nun der Bach in die Tiefe. Sein Wasser verschwand im Innern der Felsen.

Als der Riese am nächsten Tag erwachte, wollte er wieder seinen Durst löschen. Er ging zum Bach. Doch das Bachbett war leer und trocken. Das Tal war wasserlos. Der wütende Riese fluchte fürchterlich. Er verließ das Tal und kam nie mehr dahin zurück.

Die Zwerge aber freuten sich, daß sie in ihrem Reich bleiben konnten. Sie gruben weiter eifrig nach Edelsteinen und Bergkristallen.

Der Bach aber fließt seitdem tief unter der Erde.

Noch heute soll man in ganz stillen Sommernächten sein Rauschen hören. Man hört es aber nur dann, wenn man das Ohr dicht an die Erde hält.

11

Der Kobold in der Mühle

Vor langer Zeit lebte in Hagen ein Müller. Die Arbeit in der Mühle machte ihm keine Freude mehr, seitdem ein Kobold ihn Tag für Tag ärgerte und störte. Dieser Bösewicht verklemmte oft das Wasserrad, so daß der Mühlstein stehenblieb. Immer wieder schnitt er Löcher in die Mehlsäcke.

Manchmal verstopfte er auch den Mahlgang, durch den das Mehl in die Säcke rutschte. Der Müller und seine Gesellen fanden keine Ruhe mehr vor den schlimmen Streichen des Kobolds.

Der verzweifelte Müller war es endlich leid. Er wollte den bösen Kobold um jeden Preis loswerden. Eines Tages verschloß er alle Fensterläden und Türen von außen. Dann steckte er die Mühle in Brand. Der Kobold sollte mit der Mühle verbrennen.

Als der Müller vor den rauchenden Trümmern seiner Mühle stand, klopfte ihm jemand von hinten auf die Schulter. Der Müller drehte sich um und erschrak. Vor ihm stand lachend der Kobold und sprach: „Müller, es war höchste Zeit, daß wir aus der Mühle kamen. Da hätten wir doch leicht mitverbrennen können!"

Der Müller baute seine Mühle wieder auf. Als sie fertig war, zog auch der Kobold wieder ein. Der Ärger begann von neuem.

An einem Wintertage kam ein armer Bärenführer mit seinem Tanzbären zu dem Müller. Er fragte, ob er eine Nacht in seinem Hause schlafen könnte. Der Müller hatte nichts dagegen und wollte den Mann aufnehmen. „Aber was fangen wir mit dem Bären an?", fragte er. „Für den ist in meiner Wohnung kein Platz." „Wir sperren ihn in die Mühle", schlug der Bärenführer vor. Der Müller erwiderte: „Das geht nicht, in der Mühle haust ein schlimmer Kobold, der könnte dem Bären ein Leid antun." Der Bärenführer aber meinte: „Der Bär kann ruhig in der Mühle übernachten." Also sperrte er das Tier in die Mühle, und alle legten sich schlafen.

Mitten in der Nacht erwachte der Müller von einem schrecklichen Gepolter in der Mühle. Er hörte den Kobold schreien und den Bären brummen. „Das habe ich kommen sehen", dachte der Müller, „jetzt geht's dem Bären ans Fell."

Am anderen Morgen schloß der Müller die Mühle auf. Er war ganz überrascht, daß der Bär ihm putzmunter entgegen kam. Aber von dem Kobold war nichts zu hören und zu sehen.

Der Bärenführer bedankte sich für die Unterkunft und zog mit dem Bären weiter.

Einen ganzen Winter und einen ganzen Sommer hatte der Müller vor dem Kobold Ruhe. Doch am nächsten kalten Wintertag öffnete sich plötzlich die Tür zur Wohnstube. In dem Türspalt stand der Kobold. Der Müller erschrak zu Tode. Der Kobold aber rief: „Müller! Müller! Ist die große schwarze Katze noch da?" Da erkannte der Müller, daß sich der Kobold noch immer vor dem Bären fürchtete. Er antwortete: „Ja, die schwarze Katze ist noch da und hat sieben Junge!" Da schlug der Kobold erschrocken die Tür zu und ließ sich nie wieder sehen.

13

Die Riesen vom Volmarstein und vom Syberg

In alter Zeit wohnten auf dem Volmarstein und dem Syberg zwei Riesen. Sie waren so groß, daß sie mit zwei Schritten von einem Berg zum anderen kommen konnten. Zum Brotbacken hatten beide nur einen einzigen Backtrog. Der stand auf dem Volmarstein. Dort stand auch der gewaltige Backofen. Darin backten beide Riesen gemeinsam ihr Brot.

Eines Tages war der Riese vom Syberg mit einem Sack voller Brote auf dem Heimwege. Da spürte er einen Stein im linken Schuh. Er blieb im Ruhrtal stehen und klopfte den Stein aus dem Schuh. So ist der Berg entstanden, der heute Kaisberg heißt.

Einmal hatte der Riese vom Syberg einen mächtigen Ochsen verspeist. Danach legte er sich auf den Rücken und schlief ein. Da flog ihm ein Huhn in die Nase, das von einem Fuchs gejagt wurde. Der Riese mußte so schrecklich niesen, daß die Berge erbebten. Er wachte auf und rief ärgerlich: „Diese lästigen Fliegen!"
Nach einer Weile hörte er vom Volmarstein her ein lautes Geräusch. Es klang, als kratze sein Nachbar den Backtrog aus. Er wurde wütend und glaubte, daß der andere Riese allein gebacken hatte.

„Warte, du Schelm!" schrie er. „Das Backen will ich dir versalzen." Mit wenigen Schritten eilte er auf den Volmarstein. Was stellte er fest? Der Backtrog war unbenutzt. Der Backofen war kalt. Es war gar kein Brot gebacken. Das gewaltige Geräusch aber kam aus dem Munde des Riesen. Der lag in tiefem Schlaf neben dem Backhaus und schnarchte.

15

Das Hünentor

Einst kam ein Wanderer vom Rhein. Er wollte nach Limburg an der Lenne. In der Nähe von Voerde fragte er einen Zwerg nach dem nächsten Weg. Der Zwerg antwortete: „Der kürzeste Weg geht durch den Berg. Hier ist der Eingang! Damit du nicht irregehst, nimm diesen Fuchs mit. Du brauchst dich nur an seinem Schwanz festzuhalten."

Der Wanderer befolgte den Rat. So kam er in die Kluterthöhle. Manchmal mußte er auf allen Vieren kriechen, doch immer hielt er den Fuchs am Schwanz fest. Endlich sah er einen Lichtschimmer am Ende der Höhle. Da hörte er plötzlich ein sonderbares Geräusch. Vorsichtig näherte er sich dem Ausgang. Er erschrak. Dicht vor sich sah er im grünen Rasen einen gewaltigen Riesen, der sich im Schlaf schüttelte.

Rasch versteckte sich der Wanderer in den Felsspalten der Höhle. Dabei behielt er den Riesen immer im Auge. Der Riese erwachte. Er richtete sich auf und reckte sich. Dabei stöhnte er so laut, daß es von den Felsen widerhallte. Er schritt zur Quelle und trank in mächtigen Zügen.

Dann wendete er seine Nase nach allen vier Winden. „Es muß ein Mensch in der Nähe sein", sprach er. Der arme Wanderer in der Höhle konnte jedes Wort verstehen. Der Riese sagte weiter: „Wie gut sollte er mir schmecken! Wenn ich ihn nur hätte! Die drei Häschen, die ich heute erst gegessen habe, haben mich nicht satt gemacht."

Er fing an zu suchen und stöberte zwischen den Felsen umher. Aber er fand den Wanderer nicht. Wütend riß er Bäume mit ihren Wurzeln aus und warf sie den Berg hinab. Schließlich schleuderte er mächtige Steinblöcke ins Tal.

Bis jetzt hatte sich der Wanderer immer noch an seinem Fuchs festgehalten. Das gräßliche Getöse erschreckte ihn so sehr, daß er den Schwanz des Fuchses los ließ. Der Fuchs sprang aus der Höhle heraus und rannte an dem Riesen vorbei in den Wald. Der Riese lief mit großen Schritten hinter dem Fuchs her. Dabei klang sein Gebrüll wie Donnergrollen. Es wurde immer schwächer, je weiter sich der Riese entfernte.

Vorsichtig kam der Wanderer aus der Höhle und eilte nach Limburg weiter. Seit der Zeit wird die Öffnung der Höhle, vor welcher der Wanderer dem Riesen begegnet war, das Hünentor genannt.

Die Zwerge vom Hof Finking bei Dahl

Einst diente auf dem Finkinghofe ein Hütejunge. Täglich weidete er die Kühe in dem Wald an der Finkinger Lei.

Eines Tages sah er ein Zwergenkind auf einem Felsen sitzen. Es spielte im Sonnenschein mit einer kleinen goldenen Krone.

Als der kleine Zwerg den Hütejungen sah, erschrak er. Er ließ die Krone fallen und verschwand in einer nahen Felsspalte.

Der Hütejunge hob die goldene Krone auf. Im gleichen Augenblick breitete sich rings um ihn Nebel aus. Der Nebel wurde immer dichter. Der Hütejunge konnte kaum die Hand vor Augen sehen. Er irrte im Wald umher.

Aus dem Nebelschleier vor ihm tauchte plötzlich ein alter Zwerg auf. Drohend rief er: „Gib die Krone zurück, oder du bist des Todes!"

Erschrocken ließ der Junge die Krone fallen. Der Zwerg ergriff sie und verschwand.

In diesem Augenblick zerriß vor dem Hütejungen die Nebelwand: Er stand zwei Schritte vor dem Abgrund der Finkinger Lei.

Der alte Kortenbach in Altenhagen

Vor etwa 450 Jahren gab es unter den Christen in Deutschland einen Streit um den richtigen Glauben. Da sich die Menschen nicht einigen konnten, gibt es seitdem evangelische und katholische Christen. Beide Gruppen stritten sich häufig, wer wohl den richtigen Glauben hätte.

Zwischen Eckeseyer Brücke und Altenhagener Straße lag früher das Rittergut Altenhagen. Von ihm hat der Stadtteil Altenhagen seinen Namen erhalten.

Dieses Gut gehörte einem Ritter, der evangelisch war. Später erbten Verwandte den Gutshof. Die neuen Besitzer waren katholisch. Darüber soll sich der Verstorbene noch im Grabe so geärgert haben, daß er auch im Tode keine Ruhe fand. Der tote Gutsbesitzer erschien bei Nacht als Geist auf seinem Gut. Er erschreckte die neuen Bewohner so sehr, daß sie sich vor Furcht im hintersten Winkel ihres Hauses verkrochen.

In jeder klaren Vollmondnacht erschien die Spukgestalt. Sie polterte durch das Haus, so daß Mensch und Vieh flüchteten.

Die Bewohner fürchteten sich so sehr, daß sie Hilfe bei Leuten suchten, die Geister vertreiben konnten. Die Geisterbanner versuchten, mit geheimnisvollen Zaubersprüchen die Spukgestalt zu vertreiben. Es gelang ihnen nicht.

Schließlich wurde ein Domherr aus Köln gerufen.

Er schaffte es, den spukenden Ritter aus seinem Versteck zu locken. Der Ritter ließ sich aber nicht so einfach vertreiben. Er wollte nur bis zum nahen Bach, dem Kortenbach, weichen. Dafür forderte er: „Jedes Jahr aber komme ich einen Schritt näher zum Gut zurück. Wenn ich dann das Eingangstor erreicht habe, muß der Gutshof wieder einem evangelischen Besitzer gehören."

Auf diese Bedingung ließ sich der Domherr ein. Der Geist war jetzt an die Stelle verbannt, wo der Kortenbach unterhalb der Philippshöhe in die Ennepe mündet. Seitdem nannten die Leute den Geist nach seinem neuen Aufenthaltsort den Herrn von Kortenbach.

Vom Kortenbach aus streifte der Geist bei Nacht an den Ufern der Volme und der Ennepe umher. Er ritt auf einem wilden Pferd. Aus Augen und Nase des Pferdes sprühten Funken. Der Geist hatte seinen Kopf mit einem gewaltigen Schlapphut bedeckt. Sein langer Bart hing über den flatternden Mantel hinab. Manche Leute erzählten auch, sie hätten den Geist in einem Wagen mit feurigen Rädern fahren sehen.

Später kaufte ein Herr von Plessen den Wald am Kortenbach. Als der Wald eines Tages abgeholzt werden sollte, wollte kein Holzfäller die Bäume schlagen. Die Holzfäller fürchteten sich vor dem Geist, der hier wohnte. Da ergriff der Herr von Plessen selber eine Axt. Er führte die ersten Schläge, ohne daß ihm ein Unglück zustieß. Jetzt erst faßten die Holzfäller Mut und holzten den Wald ab.

Wenige Tage später aber erlitt der Herr von Plessen auf der Jagd einen Unfall. In seinem Gewehr explodierte eine Patrone. Das Gewehr platzte. Dabei wurde ihm die rechte Hand weggerissen. Jeder sah in dem Unglück die Rache des alten Kortenbach.

Später wurde der Wald wieder aufgeforstet. Als das Rittergut Altenhagen später wieder einen evangelischen Besitzer erhielt, fand der alte Kortenbach seine Ruhe wieder.

Seitdem wurde keine Spukgestalt mehr gesehen.

Die weißen Jungfrauen von Elsey

Ein einsamer Wanderer war spät in der Nacht auf dem Heimwege. Der Weg führte an der Lenne entlang. Plötzlich standen zwei weißgekleidete Frauen vor ihm. Sie jammerten und klagten. Da fragte sie der Mann: „Was ist mit euch los? Was jammert ihr?" Da sprach eine der Frauen: „Wir sind zwei arme Jungfrauen. Wir können im Grabe keine Ruhe finden. Du kannst uns helfen. Wenn du morgen um dieselbe Zeit noch einmal an diese Stelle kommst, dann sind wir erlöst. Wenn du Angst hast, allein zu kommen, kannst du auch jemanden mitbringen." Der Mann erwiderte: „Gut, ich werde kommen." In Wirklichkeit aber hatte er große Furcht und dachte bei sich: „Ich werde mich hüten. Das ist mir zu gefährlich." Er hielt sein Wort nicht und blieb am nächsten Abend daheim.

Einige Wochen vergingen. Da war der Mann wieder einmal spät in der Nacht auf dem Heimweg. Er kam an die Stelle, wo er den Jungfrauen begegnet war. Da standen sie plötzlich wieder vor ihm. Diesmal aber waren sie schwarz gekleidet. Sie jammerten laut: „Die Frist ist verstrichen. Jetzt kannst du uns nicht mehr erlösen. Wir haben nun keine Hoffnung mehr." Er erschrak, als ihm die Frauen weinend um den Hals fielen. Es gelang ihm, sich von den Frauen loszureißen. Atemlos rannte er heimwärts. Zu Tode erschöpft erreichte er sein Haus. Er legte sich nieder. Nach vier Tagen aber war er tot.

Die weißen Jungfrauen von Harkorten

In einer stürmischen Herbstnacht war ein Vater mit seinem Sohn auf dem Heimweg. Sie wohnten auf dem Spielbrink. Ihr Weg führte durch den Harkorter Wald. Es war gerade Mitternacht.

Der steile Weg machte dem Vater das Atmen schwer. Er blieb keuchend weit hinter seinem Sohn zurück. Da stellten sich dem Jungen zwei weißgekleidete Frauen in den Weg. Sie fragten ihn: „Weißt du, wie spät es ist?" Der Junge antwortete: „Es ist schon Mitternacht!" Ohne ein Wort zu sagen, gingen die beiden Frauen weiter. Der Junge rief noch hinter ihnen her: „Wartet doch! Mein Vater kommt gleich. Dann können wir zusammen gehen!" Doch die beiden weißgekleideten Gestalten waren plötzlich verschwunden.

Zu Tode erschrocken blieb der Junge stehen. Vor Aufregung zitternd erzählte er seinem Vater, was er erlebt hatte. Der Vater versuchte vergeblich, seinen Sohn zu beruhigen. Dann gingen sie schweigend nach Hause.

Noch in derselben Nacht bekam der Junge Fieber. Nach drei Tagen war er tot.

Alle Einwohner von Harkorten fürchteten sich vor den beiden Jungfrauen, die in der Geisterstunde zwischen Mitternacht und ein Uhr im Harkorter Wald erschienen. Bald getraute sich niemand mehr, zur Nachtzeit durch den Harkorter Wald zu gehen.

Der Grenzsteinversetzer von Elsey

Im Niederfeld bei Elsey war es in der Dämmerung nicht geheuer. Leute, die um diese Zeit dort vorbeikamen, hatten oft Rufe gehört.

Sie hörten immer die gleiche klagende Stimme. Sie rief auch immer dieselben Worte: „Bo sall ek den Stäin laoten?" („Wo soll ich den Stein lassen (hinlegen)?")

Alle, die die Stimme gehört hatten, glaubten dasselbe: Da geht ein Bauer um, der im Grabe keine Ruhe findet. Er hat zu seinen Lebzeiten heimlich in der Dämmerung Grenzsteine versetzt.

Auf diese Weise hat er zu Unrecht seinen Hof vergrößert. Zur Strafe dafür erscheint er nun in der Dämmerung an dieser Stelle als Geist.

Die Leute fürchteten sich vor einer Begegnung mit dem Geist des Bauern. Sie gingen zu einem Mann, der böse Geister bannen konnte. Sie baten ihn um Hilfe.

Der Geisterbanner sagte: „Für eine gute Belohnung will ich euch den Geist vom Halse schaffen." Die Leute waren einverstanden.

Am nächsten Abend lauerte der Geisterbanner dem Gespenst im Niederfeld auf. In der Dämmerung hörte er tatsächlich die Stimme: „Bo sall ek den Stäin laoten?"

Da rief der Geisterbanner: „Bo du ne kriägen hiäst!" („Wo du ihn hergekriegt (hergeholt) hast!")

Seitdem hat man im Niederfeld den Ruf des Grenzsteinversetzers nicht mehr gehört.

25

Der Hexenritt auf der Häckselbank

Als Hagen noch ein Dorf war, arbeitete auf einem Bauernhof einmal ein Knecht. Er hieß Hinnerk. Noch nie hatte der Bauer einen Knecht, der so faul war. Des Morgens früh schon mußte er ihn aus dem Bett treiben. Wieder einmal stand Hinnerk auf der Deele an der Häckselbank. Er hackte Stroh zu Häcksel für die Pferde. Aber er arbeitete ganz langsam mit dem Häckselmesser. Der Bauer schimpfte: „Hinnerk, mach voran!" Doch der brummte nur: „Ich kann doch nicht hexen."

Dabei wünschte er sich im stillen so sehr, daß er hexen könnte. Zufällig schaute er gerade auf das offene Herdfeuer am Ende der Deele.

Im Rauch des Feuers erkannte er eine große, graue Gestalt. Sie hielt in der rechten Hand einen Besen. Die linke Hand griff zu einem Töpfchen am Herd. Darin war eine graue Salbe. Mit dem Zeigefinger stippte die Gestalt dreimal hinein. Dabei hörte Hinnerk sie die Worte murmeln:

> „Stipp ein, stipp aus,
> zum Kamin hinaus
> über Hecken und Zäune."

Sogleich verschwand die Gestalt durch den Kamin. Hinnerk zitterte vor Schrecken. Er flüsterte: „Eine Hexe mit einem Zauberspruch und einer Hexensalbe!" Er besann sich lange und sagte dann zu sich selber: „Jetzt kann ich auch hexen." Er schlich an den Herd. Zögernd stippte er dreimal in das Salbentöpfchen. Aufgeregt murmelte er:

> „Stipp ein, stipp aus,
> zum Kamin hinaus . . .".

Soweit ging alles gut. Aber nun sagte er weiter:

> „durch Hecken und Zäune."

Da sauste Hinnerk schon holterdipolter auf seiner Häckselbank durch den Kamin. Über das Dach ging die rasende Fahrt hinunter in die Zäune. Die Latten splitterten und krachten auseinander. Gleich hinter den Zäunen sauste die Häckselbank mit Hinnerk durch alle Hecken im ganzen Dorf. Seine Jacke und seine Hose flogen in Fetzen davon. Er schrie laut vor Angst und Schrecken.

Weit draußen vor dem Ortsende kam die Häckselbank mit ihrem Reiter zum Stehen. An dem Wegkreuz sah Hinnerk Hexen auf ihren Besenstielen reiten. Sie tanzten um ihn herum und riefen: „Da kommt ja unser Futterschneider auf seiner Häckselbank geritten! Komm Hinnerk, tanz mit uns!"

Doch Hinnerk wollte von Hexen nichts mehr sehen und hören. Er nahm seine Häckselbank und trug sie zum Hof zurück.

Von nun an   schnitt er das Häcksel immer so schnell er konnte. Ja, nach seinem Hexenritt war er der fleißigste Knecht weit und breit.

Nie in seinem Leben hat Hinnerk noch einmal versucht zu hexen.

Der Paßgänger von Eilpe

Vor langer Zeit ging an einem späten Abend ein Mann von Hagen nach Eilpe. Er war auf dem Heimweg. Es war fast Mitternacht. Kein einziges Licht schien mehr aus den Häusern. Die Nacht war finster. Dunkle Wolken verdeckten den Mond und die Sterne.

Dem einsamen Wanderer wurde es unheimlich zumute. Er glaubte, hinter sich im leichten Brausen des Nachtwindes fremde Tritte zu hören.

Ängstlich dreht er sich um. Zwei Augen leuchteten in der Dunkelheit. Er glaubte, ein Tier zu sehen. War es ein großer Hund, der ihm folgte? Aber das seltsame Wesen bewegte sich doch ganz anders! Es trat bei einem Schritt zugleich mit beiden rechten Beinen und beim nächsten Schritt mit beiden linken Beinen auf. Dem Mann lief es heiß und kalt über den Rücken. Das war ein Paßgänger! Das war kein richtiges Tier. Das war ein Werwolf! Der nächtliche Wanderer beschleunigte seine Schritte. Der Paßgänger machte es genau so. Ja, er kam näher. Der Mann schaute sich um. Die Augen des Untiers erschienen so groß wie Handteller. Das Untier selbst hatte jetzt die Größe eines Kalbes. Der Mann beschleunigte seine Schritte noch mehr. Als er sich nach einer kleinen Weile wieder umsah, entsetzte er sich. Der Paßgänger hatte ihn fast erreicht. Das Untier war noch größer geworden. Es war nun so groß wie ein Pferd. In Schweiß gebadet rannte der Mann vorwärts. Mit letzter Kraft erreichte er schließlich sein Haus. Er riß die Tür auf, schlug sie hinter sich zu und verriegelte sie. Zitternd stieg er die Treppe hinauf. In seinem Schlafzimmer sank er erschöpft auf sein Bett. Mit beiden Händen zog er die Bettdecke über sich.

Erst nach langer Zeit schob er die Decke etwas zurück und sah sich im Zimmer um. Da starrte ihn das Untier mit seinen Feueraugen durch die Fensterscheiben an. In seiner Angst kroch er wieder unter die Bettdecke. Er wagte es nicht mehr, seinen Kopf zu heben. Als er endlich einschlief, verfolgte ihn der Paßgänger die ganze Nacht hindurch in seinen wirren Träumen.

Der Raubritter Humpert vom Raffenberg

Der Raubritter Humpert bewohnte die Burg auf dem Raffenberg bei Holthausen. Am Fuße des Berges führte die Landstraße von Hagen nach Limburg – heute Hohenlimburg – vorbei. Auf dieser Straße kamen die pferdebespannten Wagen der Kaufleute vorüber. Der Raubritter hatte es auf das Geld und die Waren der Kaufleute abgesehen.

Bei Tag und Nacht lagen seine wilden Gesellen auf der Lauer. Kamen reichbeladene Wagen vorüber, fiel der Ritter blitzschnell mit seinen Gesellen über die Kaufleute her. Ebenso rasch waren die Räuber mit den Waren und mit dem Geld in den Wäldern verschwunden.

Die Landesherren schickten gegen den Raubritter und seine Gesellen ihre Dienstleute aus. Sie fanden die Räuberburg aber nicht, weil die Räuber den Pferden die Hufeisen verkehrt untergeschlagen hatten.

Endlich hatten die Dienstleute doch den Weg gefunden. Sie belagerten die Burg auf dem Raffenberg. Es gelang ihnen nicht, die Mauern der Burg zu zerstören.

Die Dienstleute wußten, daß es in der Burg keinen Brunnen gab. Das Wasser kam aus einem im Wald verborgenen Brunnen. Es wurde unterirdisch durch hölzerne Röhren in die Burg geleitet. Beides fanden die Dienstleute nicht.

Schon wollten sie abziehen. Da sprach eine alte Frau zu ihnen: „Gebt einem Esel drei Tage kein Wasser und führt ihn dann in den Wald. Wo er stehen bleibt und mit den Hufen scharrt, da ist der Brunnen. Von dort leiten die hölzernen Röhren das Wasser in die Burg."

Die Dienstleute folgten dem Rat der alten Frau. Der Esel scharrte an einer Stelle im Wald mit den Hufen. Die Dienstleute fanden den Brunnen. Sie zerstörten die hölzernen Röhren. Jetzt floß kein Wasser mehr in die Burg.

Der Raubritter Humpert war bereit, sich zu ergeben. Dafür erhielt er die Erlaubnis, daß seine Frau dreimal so viel aus der Burg mitnehmen durfte, wie sie tragen konnte.

Da trug die Frau zuerst ihren Mann aus der Burg. Beim zweiten Mal trug sie ihren Sohn. Zuletzt war sie schwer mit Gold und Edelsteinen beladen. Am Fuß des Berges brach sie zusammen.

So kam der Ritter Humpert noch einmal mit dem Leben davon.

Der wilde Junker von Volmarstein

Ein Junker von Volmarstein war der ärgste Raubritter weit und breit. Eines Tages ritt er mit seinen Knappen wieder zu einem Raubzug aus.

Sie ritten durch einen Tannenwald. In der Mitte des Waldes hielten sie auf einer freien Fläche an. Dort stand als einziger Laubbaum eine mächtige Eiche.

Der Junker zeigte auf die dunklen Tannen und erzählte:

„Dort kam mir vor ein paar Tagen ein alter Mann entgegen. Er sah nicht so aus, als ob er Gold oder Geld bei sich trüge. Aus reiner Lust am Morden habe ich ihn getötet. Unter den Tannen drüben liegt der Tote."

Kaum hatte er das gesagt, da stand neben dem Junker eine hagere Gestalt. Sie war in ein dunkles Gewand gehüllt und hielt ihm den Hut entgegen. Schon wollte der Junker den Bettler fortjagen. Doch dann besann er sich. Er zog ein Goldstück aus der Tasche und warf es in den Hut. Dabei sagte er: „Du sollst wissen, daß ich ein Ritter bin!"

Ein Knecht des Junkers aber sah, daß das Goldstück durch den Hut hindurch fiel. Im gleichen Augenblick verschwand die Gestalt. Der erschreckte Knappe sagte: „Herr, das war ein Geist!" Doch der Ritter lachte ihn nur aus.

Etwas später ritten die Knappen mit dem Ritter über eine Heide. Dort stand wieder dieselbe Gestalt. Da rief der Junker: „Bettelst du schon wieder?" Der Ritter griff zu seiner Reitpeitsche. Er holte aus und schlug zu. Der Schlag aber ging ins Leere. Die Gestalt war schon verschwunden. Der Knappe sagte: „Herr, das ist kein Mensch, das ist ein Geist!" Der Junker sah den Knappen an und gab ihm keine Antwort.

Sie ritten weiter und kamen in einen Eichenwald. Zum dritten Mal stand die dürre Gestalt vor ihnen. Da rief der Ritter: „Diesmal sollst du mir nicht entgehen!" Er zog sein Schwert und schlug mit aller Kraft zu. Aber auch dieser Schlag traf die Gestalt nicht. Sie verwandelte sich in eine riesige feurige Wolke. Die rote Feuerwolke erschreckte das Pferd des Ritters. Es scheute und ging in rasendem Galopp durch.

Als die Knappen heimkamen, war das Pferd des Ritters allein zurückgekehrt. Erst am anderen Tage fanden die Knappen ihren Herrn auf dem freien Platz in dem Wald. Auf grausige Weise hatte er den Tod gefunden. Bei dem wilden Ritt auf dem scheu gewordenen Pferd hatte sich der Kopf des Ritters in einer Astgabel der Eiche verfangen. Das Pferd war unter ihm fortgerannt. Der tote Junker hing an dem Baum wie vom Henker gehängt.

Das Gold im Goldberg

Im Goldberg gruben in alten Zeiten Bergleute nach Gold. Mancher Bergmann wurde reich.

Eines Tages kam eine fremde Frau mit ihrem Sohn nach Hagen. Der Bürgermeister nahm die arme Frau mit ihrem Jungen freundlich auf. Selbst hatte er eine Tochter im gleichen Alter. Die Kinder spielten täglich miteinander. Nach einigen Jahren arbeitete der Junge als Bergmann im Goldberg. Er war sehr fleißig, aber er fand kein Gold.

Der junge Bergmann liebte die Tochter des Bürgermeisters. Eines Tages bat er den Vater um ihre Hand. Weil er aber so arm war, gab ihm der Vater seine Tochter nicht. Er hatte sie schon dem Sohn des reichen Försters versprochen. Als der Försterssohn von dem Wunsch des Bergmanns hörte, dachte er sich einen bösen Plan aus. Auf dem Weg zum Goldberg versteckte er einen Goldschatz. Der Bergmann fand den Schatz. Er zeigte ihn dem Bürgermeister. Er glaubte, daß er jetzt die Tochter heiraten dürfte.

Der Försterssohn aber verklagte ihn: „Das ist mein Schatz. Der Schatz ist gestohlen!"

Der Bergmann wurde ins Gefängnis geworfen. Der Richter verurteilte ihn zum Tode. Der Bergmann wurde hingerichtet.

Am nächsten Tag ging die arme Mutter des toten Bergmannes dreimal um den Goldberg. Auf dem Rücken trug sie eine Kiepe voller Mohnsamenkörner. Dreimal verfluchte sie den Berg: „So viele Jahre, wie Mohnkörner in der Kiepe sind, soll niemand mehr hier Gold finden!" Dann stürzte sich die Mutter in den tiefsten Schacht. Im gleichen Augenblick brachen alle Schächte und Stollen zusammen. Seitdem hat man hier nie mehr Gold gefunden.

Der Jungfernsprung bei Kabel

In einer Urkunde aus dem Jahre 1478 wird eine hohe schroffe Felswand als Jungfernsprung bezeichnet. Sie ragt an dem alten Talweg, der von Kabel nach Westhofen führt, auf der rechten Seite etwa 30 Meter hoch empor. Der Talweg heißt heute Ruhrtalstraße. Der Felsen befindet sich zwischen Buschmühle und Lennhof vor der Autobahnbrücke.

An diesem alten Weg stand einst eine armselige Hütte. Darin wohnte ein Waldhüter mit seiner Frau und seiner fast erwachsenen Tochter. Der Waldhüter stand im Dienst der Herren von Volmarstein. Ihnen gehörten die Garenfelder Wälder.

Eines Tages brachte die Tochter wie an jedem Tag das Mittagessen in den Garenfelder Wald. Nachdem der Vater gegessen und etwas geruht hatte, ging die Jungfrau den einsamen Waldweg zurück.

Plötzlich hörte sie hinter sich Hufeklappern und Hundegebell. Sie erschrak zu Tode. Der Reiter war der Junker von Syburg. Schon zweimal hatte er in den letzten Wochen die Tochter des Waldhüters verfolgt und in Angst und Schrecken versetzt.

Jetzt rannte sie, so schnell sie konnte, quer durch den Wald. Immer näher kam ihr Verfolger. Da sah sie vor sich den Rand der Felswand. In ihrer Todesangst sprang sie hinab.

Der Junker aber war so dicht herangekommen, daß er sein Pferd nicht mehr zurückreißen konnte. Es stürzte mit seinem Reiter in die Tiefe. Der Junker und das Pferd kamen bei dem Sprung zu Tode.

Nur das Mädchen überlebte den Sprung. Das dichte Gebüsch am Fuß des Felsen hatte es aufgefangen. Es war nicht einmal verletzt.

Der Karlsspring bei Bathey

Um das Jahr 775 kam Karl der Große mit seinen Kriegern in das Ruhrtal. Er wollte die Sigiburg erobern. In
der Nähe des heutigen Ortes Bathey versammelte er
sein Heer. Karl der Große stieg auf sein Pferd, um den
Angriff zu leiten.

Es war eine sehr trockene Jahreszeit. Die Ruhr und die
Zuflüsse waren fast ausgetrocknet. Menschen und
Tiere litten sehr unter Hitze und Durst.

Während der König noch die Aufstellung seiner Krieger
plante, scharrte sein durstiges Pferd heftig den Boden.
Da sprang plötzlich unter den Hufen des Pferdes eine
Quelle hervor. Die durstigen Krieger und Pferde
erfrischten sich mit dem klaren Quellwasser. Seit dieser Zeit hieß die Quelle „Karlsspring".

Das Wappen der Familie von Syberg

Das Wappen der Familie von Syberg besteht aus einem goldenen Rad mit fünf Speichen auf schwarzem Grund.

Es war im Jahre 775. Der Frankenkönig Karl der Große belagerte mit seinen Kriegern die Wallburg auf dem Syberg. Die Sachsen verteidigten todesmutig ihre Burg.

Bald erfuhr der Frankenkönig, warum die Sachsen so tapfer kämpften. In der Wallburg stand ein Tempel. Er war dem Gotte Donar geweiht und sollte nicht in die Hände der Feinde fallen.

Die Franken konnten die Burg der Sachsen nicht erobern. König Karl beschloß zu warten, bis den Verteidigern das Wasser ausging. Da es lange nicht geregnet hatte, mußte der Brunnen in der Burg in wenigen Tagen leer sein. Doch die Tage vergingen. Obwohl es nicht regnete, schienen die Sachsen immer noch genug Wasser zu haben. Sie ergaben sich nicht.

Da wurde eine Edelfrau von einem nahegelegenen Gutshof zu dem König Karl gebracht. Sie sagte: „Wir kennen das Geheimnis, wie die Sachsen oben auf der Burg an Trinkwasser kommen: Am Ufer der Ruhr ist am Fuße des Sybergs unter überhängenden Zweigen ein großes Wasserrad versteckt. Der Fluß treibt es an. Das Wasserrad schöpft Wasser in Ledereimer und bewegt sie nach oben. So kommt das Wasser auf den Berg in die Wallburg der Sachsen."

König Karl war froh. Seine Krieger zerstörten in der nächsten Nacht das Wasserrad. Wenige Tage später mußten sich die Sachsen ergeben.

König Karl ließ in der eroberten Wallburg eine feste Burg bauen. Die Familie der Edelfrau erhielt die Burg zum Lehen. Sie durfte auf die Schilde ihrer Rüstungen ein goldenes Rad malen. Dieses Zeichen sollte an das Wasserrad erinnern. Daraus entstand das Wappen der Familie von Syberg.

Die Entstehung Herdeckes

Kaiser Karl der Große hatte eine Nichte. Sie hieß Frederuna. Die Prinzessin besaß viele Güter und lebte auf einer Burg in Italien. Sie war mit einem vornehmen Ritter verlobt.

Der Verlobte wurde im Kampf gegen die Feinde des Kaisers getötet. Als die Prinzessin die Todesnachricht erhielt, war sie sehr traurig. Sie verkaufte alle ihre Güter.

Das Geld, das sie dafür bekam, ließ sie von ihren Dienern in Lederbeutel füllen.

Dann verließ Frederuna ihre Burg. Sie zog mit ihren Dienern und den Maultieren über die Alpen nach Deutschland. Die Maultiere trugen auch die Lederbeutel mit dem Geld. Die Prinzessin hatte viel von den mächtigen deutschen Eichenbäumen gehört. Im Schatten solcher Eichen wollte sie ein Kloster bauen. Darin wollte sie in aller Stille und Einsamkeit leben.

Auf ihrem Zug durch das fremde Land bat sie Gott um ein Zeichen: Sie wollte dort ein Kloster errichten, wo sich die Maultiere zum ersten Mal unter Eichen lagern würden.

Lange zog Frederuna umher. Sie kam dabei auch in unsere Gegend. Eines Tages legten sich die Maultiere unter mächtigen Eichen in der Nähe der Ruhr nieder. Da rief Frederuna voller Freude aus: „Hier de Eke!" („Hier die Eichen!"). Sie ließ an diesem Lagerplatz ein prächtiges Nonnenkloster bauen. Es erhielt nach ihrem Ausruf „Hier de Eke!" den Namen Herdecke.

Lange Zeit hat Frederuna als Äbtissin das Kloster geleitet. Ihr Grabdenkmal befindet sich noch heute in der Stiftskirche in Herdecke.

Der Richter Jan Hackenberg

Jan Hackenberg kam im Jahre 1417 als Richter nach Hagen. Hagen war damals ein kleines Dorf.

Der Richter zog in das prächtige Haus neben der Kornmühle am Volmegraben ein. Dort lebte der stille und verschlossene Mann mit seiner Frau und seinen Kindern.

Die Mägde und Knechte im Dorf erzählten sich bald wunderbare Geschichten über den Richter: In stürmischen Nächten stand er auf. Das Heulen des Sturmes trieb ihn ruhelos treppab und treppauf. Des Abends sang er oft mit leiser Stimme Seemannslieder von wilden Stürmen auf wilder See. Der Müller der Kornmühle erzählte, daß der Richter selbst das Rauschen des Wassers im Mühlengraben nicht ertragen konnte.

Die Bewohner des Dorfes machten sich bald ihre eigenen Gedanken über ihren Richter. Man sprach von einem großen Gold- und Silberschatz in einem verschlossenen Zimmer. Jan Hackenberg war wirklich sehr reich. Er schenkte eines Tages einen großen Teil seiner Schätze den Kirchengemeinden in seinem Amtsbezirk.

Viele Jahre später – 1460 – lag der Richter auf dem Sterbebett. Er bestimmte: „Ich will wie ein Seemann begraben werden. Ein Trommler soll den Trauerzug anführen." So geschah es auch. Ein Trommler ging dem langen Trauerzug voran. Der Tote war wie ein toter Seemann in ein Segeltuch eingenäht. So wurde er auch in das Grab gesenkt.

Später erzählte man: Jan Hackenberg war in seiner Jugend ein Seeräuber. Er gehörte zu den gefürchteten Piraten des berühmten Seeräubers Klaus Störtebekker. Im Jahre 1401 wurde er mit Störtebecker und seinen Gesellen gefangen und nach Hamburg gebracht. Alle wurden zum Tode durch das Schwert verurteilt. Nur Jan Hackenberg wurde als der Jüngste der Räuber begnadigt. Er mußte aber mit einer Trommel vorangehen und alle anderen Verurteilten zum Richtplatz führen.

Nach der Hinrichtung kehrte der Begnadigte heimlich zu einem der Seeräuberschiffe zurück. Aus dem hohlen Mast holte er den verborgenen Gold- und Silberschatz. Danach war er lange Zeit verschwunden. Viele Jahre später wurde er für mehr als 40 Jahre Richter in Hagen. Seine Gerechtigkeit erlebten alle Leute, wenn er ein Urteil sprach.

43

Der Pestvogel in Hagen

Es war mitten in dem großen Krieg, der dreißig Jahre dauerte. Alle Leute in dem Dorf Hagen litten große Not. Umherziehende Soldaten hatten ihnen Vieh und Korn geraubt. Die Mütter wußten nicht, was sie ihren Kindern zu essen geben sollten.

Ein Bauer hatte zwei magere Kühe versteckt gehalten. Die hatten die Soldaten nicht gefunden. An einem schwülen Sommertag hütete ein Junge die beiden Tiere auf der Weide. Da flog über den nahen Wald ein seltsamer Vogel. Er flatterte wie ein Schmetterling. Wenn er sich niederließ, sah er aus wie ein welkes Blatt. Einen solchen Vogel hatte der Junge noch nie gesehen.

Immer näher kam der sonderbare Vogel. Schließlich setzte er sich auf die Hand des Jungen. Dort blieb er eine Weile sitzen.

Am Abend wartete der Bauer vergeblich auf die Rückkehr des Jungen. Schließlich machte er sich selbst auf den Weg zur Weide. Dort fand er die beiden Kühe. Sie standen mit gesenkten Köpfen vor dem im Grase liegenden Jungen. Der Junge war tot.

Auf dem Zweig eines nahen Baumes sah der Bauer den seltsamen Vogel. Er flatterte vor ihm her, als er den toten Jungen nach Hause trug.

Von da an sah man den Vogel fast Tag für Tag im Dorf. Wenn er sich auf ein Haus setzte, dann starb darin bald danach ein Mensch. Ja, manchmal starben alle Bewohner des Hauses. An allen Toten sah man blutige Beulen und Flecken. Sie waren an der Pest gestorben.

Immer wieder läutete die Totenglocke. Immer wieder erschraken die Menschen, wenn der Vogel erschien. Bald nannten ihn die Leute den Pestvogel.

Die Menschen flohen, wenn sie den Pestvogel sahen. Ein Bauer kroch aus lauter Angst in einen alten Schäferkarren auf der Weide. Als er es darin nach langer Zeit nicht mehr aushalten konnte, kroch er heraus. Da saß der Pestvogel auf dem Karren. Auch dieser Bauer starb in kurzer Zeit.

So ging es in dem Pestjahr viele Wochen lang, bis eines Tages der Pestvogel verschwand. Die Leute atmeten auf. Mit dem Verschwinden des Pestvogels fand das große Sterben bald ein Ende.

Erläuterungen

Zu Sage 1

Die Zwerge vom Goldberg

Ähnliche Sagen von Zwergen als freundlichen Helfern gibt es auch in anderen Orten. Bekannt ist die Sage von den Kölner Heinzelmännchen.

Zu Sage 3

Die Zwerge im Wasserlosen Tal

Das Kalkgestein ist viele Millionen Jahre alt. Manchmal erkennt man darin versteinerte uralte Meerestiere.
Das Regenwasser ist durch die Spalten in das Gestein gesickert. Im Laufe der langen Zeiten hat es Kalk aus dem Gestein gelöst und so die Höhlen gebildet.
In Hagen gibt es mehr als 30 Höhlen. Die Volmehanghöhle unterhalb der Stadthalle ist die größte bis jetzt bekannte Höhle. Sie ist mehr als 1000 Meter lang.
Auch die Täler an der Donnerkuhle, am Elmenhorst und an der Volmeburg sind wasserlose Täler.

Zu Sage 6

Das Hünentor

Die Kluterthöhle und die Höhle unter dem Hünentor liegen in einem Kalksteinzug. Darin sind viele Höhlen. Eine Verbindung zwischen den beiden Höhlen läßt sich nicht nachweisen.

Zu Sage 7

Die Zwerge vom Hof Finking bei Dahl

Eine Lei ist ein Felsen oder auch ein felsiger Abhang aus Schiefergestein. Die Finkinger Lei liegt am Außenrand der Volmeschleife bei der Firma Höfinghoff. Der Hof Finking bestand bis zum Jahre 1918. Er gehörte bis vor 150 Jahren zum Besitz der Herren von Haus Dahl.

Zu Sage 12

Der Hexenritt auf der Häckselbank

Viele Menschen glaubten früher an Hexen. Über 500 Jahre lang wurden Frauen als Hexen verfolgt und verurteilt. Sie wurden verbrannt oder auf andere grausame Weise getötet. Seit ungefähr 200 Jahren gibt es keine Hexenprozesse mehr.

Zu Sage 13

Der Paßgänger von Eilpe

Ein Werwolf war ein Mann, der mit dem Teufel im Bunde stand. Er konnte Tiergestalt annehmen. In der Tiergestalt war er daran zu erkennen, daß er sich im Paßgang bewegte. Nachts ging er auf Raub aus.

Zu Sage 14

Der Raubritter Humpert vom Raffenberg

Einen Ritter Humpert hat es nicht gegeben. Die Burgherren auf dem Raffenberg waren keine Raubritter. Ihre Burg wurde um 1288 durch den Grafen von der Mark zerstört. In der Raffenburg gab es nur eine Zisterne zum Auffangen des Regenwassers.

Dagegen wurde die Limburg – das heutige Schloß Hohenlimburg – durch eine Leitung aus hölzernen Röhren mit Wasser versorgt. Diese Wasserleitung wurde erst 1750 gebaut. Der Röhrenweg am Hohenlimburger Schloß trägt seinen Namen nach dieser alten Wasserleitung.

In unserer Sage wird die Raffenburg mit der Limburg verwechselt.

Die Märchen- und Sagensammler Gebrüder Grimm haben eine ähnliche Sage aufgeschrieben. Es ist die Sage von den Weibern von Weinsberg. Sie erzählt, daß Frauen ihre Männer aus der eroberten Stadt trugen.

Zu Sage 16

Das Gold im Goldberg

Im Goldberg ist in Wirklichkeit nie Gold gefunden worden. Im Mai leuchteten früher auf dem Goldberg viele Ginsterbüsche goldgelb. Viele Leute glaubten, daß der Berg deshalb Goldberg hieße. ‚Gol' – und nicht Gold – bedeutet nichts anderes als Berg.

Zu Sage 18

Der Karlsspring bei Bathey

Diese Quelle in den Ruhrwiesen bei Bathey gibt es heute nicht mehr.

Als 1926 und 1927 der Hengsteysee angelegt wurde, baggerte man weite Weideflächen an der Ruhr aus, um Platz für den Stausee zu schaffen. Damit verschwanden die Quellen in den Ruhrwiesen im Hengsteysee.

Seit 1887 versorgt das Wasserwerk bei Hengstey die Bewohner Hagens mit Trinkwasser. Vorher mußte alles Wasser zum Trinken, Waschen und Kochen aus Brunnen oder Quellen geholt werden.

Zu Sage 19

Das Wappen der Familie von Syberg

Die Bewohner unserer Heimat konnten bis vor 100 Jahren nur aus Brunnen oder Quellen Wasser schöpfen. Der Höhenunterschied zwischen dem Ruhrtal und der Syburg beträgt 100 Meter. In der damaligen Zeit konnte das Wasser nicht so auf die Burg geschafft werden, wie es die Sage erzählt.

Zu Sage 20 **Die Entstehung Herdeckes**

In dem Stift Herdecke lebten unverheiratete, adelige Frauen in christlicher Gemeinschaft. Das Stift wurde um das Jahr 820 gegründet. Ob die Nichte Karls des Großen, Frederuna, das Stift tatsächlich erbauen ließ, ist zweifelhaft. Das in der Sage genannte Grabdenkmal in der Stiftskirche stammt aus späterer Zeit.

Der Name Herdecke wird sprachlich anders erklärt. In ,Herdecke' stecken die beiden altdeutschen Wörter ,hard' und ,egge'. ,Hard' bedeutet waldiger Hang und ,egge' Höhenrücken. Herdecke bedeutet also eine Ortschaft an einem waldigen Abhang eines Höhenrückens.

Zu Sage 22 **Der Pestvogel in Hagen**

Der 30jährige Krieg dauerte von 1618 bis 1648. Zu der Furcht vor den plündernden Soldaten kam die Angst vor ansteckenden Krankheiten. Im Jahr 1636 brachten die umherziehenden Fremden die Pest nach Hagen. 600 Menschen – mehr als die Hälfte aller Einwohner Hagens – starben an der Pest.